먼 곳부터 그리워지는 안부처럼

서하 시집

시인동네 시인선 134

서하 시집

먼 곳부터 그리워지는 안부처럼

시인동네

시인의 말

함께 밥 먹고 안부 묻던
소소한 일상마저
순식간에 삼켜버린 괴물 코로나!

비정상인 정상을 복원해줄
누군가의 손이 그립다.

2020년 8월
서하

차례

제2부

제3부

제4부

제1부

파도 소리가 들리는 책장

높낮이 다른 책들 키순으로 정리했더니 책장에서 파도 소리가 들린다 둥둥 떠다니는 달을 건졌는데 활어였다 성대가 없는 활어의 이야기는 유효기간이 없다 내 활활 죽고 나면 지느러미 꽁꽁 묶여 횟집 저울추처럼 파들거릴 활어

움푹 패인 곳에서 건져 올린 물미역 같은 가름끈 옮겨가며 읽은 책 또 펼쳐 읽는다 당신을 읽는데 내가 젖는다 갈매기 깃털 닮은 책갈피가 할딱이는 해변, 난독의 해안선 한 권을 온전히 읽지 못하겠다 뭉툭한 눈이 밟은 염분 탓이다

비린 해초가 더듬더듬 코끝에 매달리는 시간이다 높고 낮음이 없는 저 수평선, 마지막 페이지를 덮는 건 흰 구름, 그의 몫이다

속이 안 보이는 금요일

네가 모른 척할 때마다 신물이 났다
아홉 시 삼십 분,
다 비운다고 비웠지만 안은 모르는 것들로 꽉 차 있다
왼 손목에 하얀 수갑이 채워지고
체온 없는 긴 손을 집어넣어
자루 속 비밀을 찾을 동안

누군가는 앞산 이팝꽃이 절정이라 썼고
누군가는 앞산 이팝꽃이 절경이라 읽었다
객지 있던 아들이 새처럼 날아들어
파닭 양념통닭을 먹으며
파닥거리는 것이 그렇게 좋았다는 글을 덮는다

건너갈 수도 건너올 수도 없었던 벽 눕혀놓고
문재인과 김정은이 만나 악수하는 장면을
누가 보고 싶어 한다는 듯
하루 종일 되새김질하는 텔레비전도

>

서로의 속내를 알 수 없어서
서로의 속내를 알기 위해서라는 생각이 들고

나는 목이 좀 마르고
창밖에 흰죽 같은 회복실이 있는
페이지를 넘기려다
귀퉁이를 약봉지처럼 접어두는
속이 안 보이는 사월의 금요일이었다

알바트로스

꿈을 놓치면 인생은 날개가 부러져 날지 못하는 새와 같다.
—랭스턴 휴즈

날개가 길어서 잘 걸을 수 없는 새, 쓸모없는 후일담처럼 바람만 믿고 살 수 있을까

아무도 나를 가두지 않았어 혼자 걷는 오늘도 어제와 별반 다른 게 없고 하네스와 헬멧을 꾸려 비상하는 시간, 하늘이 바닥이 되고 바닥이 하늘이 되려면 내 마흔의 습한 그늘도 툭툭 털어 말려야지 우물거리는 입으로 공중을 팽팽히 끌어당겨야지

누가 화려한 의상을 속도라고 했던가 허공에 집 한 채 짓는 내 눈빛과 목소리가 유빙처럼 시퍼런 내리막을 박차며 제비다리같이 부러진 꿈은 꿈을 부지할 뿐이던가

마땅히 갈 곳도 없이 발 디딜 곳 찾아 자지러지는 저 일몰처럼 꿈을 벌겋게 데우는 순간이 좋기는 하다 날개가 돋으려나 겨드랑이가 저릿저릿하다

사문진 일몰

뼈에 사무친다는 말의 무게 바람은 알까

팽나무 그늘이 피아노 건반처럼 누르는 강 물결 위로
가볍게 혹은 무겁게 노을이 진다
당신을 처음 만났을 때 허락도 없이 사무쳤던
그 적막에도 물약처럼 꽃이 진다

지는 것, 그거 참 다행이다
가까이 혹은 멀리서 출렁이는 피아노 소리 따라
작은 나룻배가 붉은 울음을 주워 담는데

저무는 것이 어디 사랑뿐이랴
목쉰 나루터가 손나발로 일몰을
사무치게 부르는 이유 조금은 알 것 같다

단 한 번의 연습 없이 철드는 강물처럼
노을은 지는 게 아니라 자꾸 떠오르는 것
사문진에는, 일몰도 일출이다

당신 참 시다, 詩다

입속에서 터져버린 고백이 샐까봐 아무 말 못하겠다

다 빼앗기더라도 마음만은 뺏기지 말라는 뜻을
가지가지에 붉게 매달고 상화 고택 가는 길가에
청사초롱 밝혀 든 석류나무 한 분

불을 바라보는 나와 나를 바라보는 불빛이
약속도 없이 우연히 만난 첫사랑처럼 아득하다

세상에 없는 애인은 어디로 갔고
저 불빛은 어디서 왔나

석류 위에도 석류
석류 아래에도 석류

석류 어깨에 걸린 시린 사랑 길 잃을까
미간을 잔뜩 찌푸리고 지나가는 저 여자
끌어당기지 않아도 늘어난 석양처럼 눈자위가 붉다

>

참 난처해라
오늘도 어제도 끝내 터뜨리지 못하고
입속에 차오르는 이름으로 침이 한가득 고이는지

그림자 입에 넣고 굴리다 사리 같은 별 툭툭 내뱉는 밤

당신 참 시다, 詩다

아카시아

가만히 아팠다 희끗희끗 나부끼는 아픔은 희끗희끗 견디면 된다는 걸 술렁이는 그늘에 들면서 알았다, 앓았다

엇박자로 날리는 눈발처럼 그렁그렁한 눈인사 속속들이 앓는 중 아닐까 도원에는 가시에 젖은 지느러미가 있어 버둥거리면서도 찔끔찔끔 잘 산다는 걸 알았을까, 앓았을까

이불도 걷어차며 잠이 드는 한 채의 병이 제 집이란 걸, 날 밝으면 도로 숨어버리는 그늘도 있다는 걸 자잘한 꽃 씹으며 알았다, 앓았다

오래된 고통은 아름답다던 말, 아카시아 그늘이 거짓말처럼 다디달다는 걸 알았다, 앓았다

마치 약속이라도 있는 사람처럼

꽃은 피고 지는 일 놓친 적 없는데 깜빡하고 약 먹는 걸 까먹으면 아픈 세월도 허기가 질까요

한평생 밖으로만 떠돌던 오래된 몸을 누가 또 집어삼키려는지 입 벌린 약봉지들, 약봉지는 약맛을 모르고 몸이 바위처럼 무거워지는 이유는 다 약 때문입니다

이제 약으로 배가 부른 나이, 한 움큼의 약을 쥐고 있는 거친 손은 알을 품는 암탉 같습니다

민법에도 도로교통법에도 없는 세월 복용법, 피고 지는 데도 나름 지켜야 할 게 있어서 안개꽃은 마치 약속이라도 있는 사람처럼 하얗게 일어섭니다

먼 곳부터 그리워지는 안부처럼

몰랐습니다
달아항이 날마다 어디로 달아나는지

해풍 아니면 해독하지 못할 섬은
달려드는 외로움을 다 받아줍니다
갈매기 날아간 굴뚝에서 빠져나온 연기,
연기(煙氣)는 연기(演技)하지 않고
연대도와 만지도를 들어 올리는
출렁다리에도 쇠별꽃 만개했습니다

먼 곳부터 그리워지는 안부처럼
산정에서 부르면 먼 데 산이 먼저 달려오는지
어느새 만리향 눈가가 촉촉합니다

뱃고동 소리 묻은 물안개 떼로 모여들 때
술이나 한잔하자며
날려 보낸 한 통의 문자로 누군가 환해진다면
그 먼 곳은 이미 먼 곳이 아닙니다

갈 길 멀다고 울지 않는 몽돌들
파도에 귀 씻으며 부드러워지는 소리
밤낮 서성이는 안개를 데리고 가서 들었습니다

이제 알겠습니다
그리움은 팔이 길어 저물도록 껴안았던 달아항,
갈피갈피 부화에 적당한 온도를 가졌다는 걸

목련

할매들 화투 치다가
밥풀떼기 떼듯 엉덩이를 집어 뜯어도
다리를 쩍 벌리고
뿌리처럼 얽혀 잠만 잔다

—할매, 계속 자면 밥 안 준대이 밥!
부지깽이처럼 마른 요양사가 한 소리 내지르자
빙글빙글 에돌다 가라앉는 저 웃음
창밖엔 목련꽃이 벙글었는데

땅의 이마 짚어주며 드러눕는 목련꽃이나
죽지 않는 허기란 녀석은
참, 아프게도 닮은 구석이 많구나
누가 낳았는지 몰라도

애기단풍

태어나지 않은 아이를 위해
축원 카드를 뽑고
검은 기와에 이름을 쓰고
촛불 밝힌 뒤

무릎 굽혀
평생 절만 하는 저 소나무
마주 보는 임산부가 합장 반배하는데
치마 뒤가 살짝 올라간다

거미줄은 왜 저 혼자 반짝이는가

한낮의 고요 속으로
처음인 듯 발등을 덥석 잡은 이
단풍나무에 기대어
탯줄 같은 긴 소매로
얼굴 가린다

까치집

흘림체로 내리던 비 그치고

햇살이 이토록 고운 걸 보니

가깝고도 먼 거기서는 잘 지내는지

내 숨소리 아직도 기억하는지

집 밖은 푸른 절벽

손닿지 않는 외진 곳

까치발로 올려다보는데

문패 한번 달지 못한 까막눈이 늙은 집

맨발의 달을 꿀꺽 삼킨다

멀어져간 너의 까치걸음

혼자 먹는 밥그릇에 소복한데

두근두근 숨 쉬는 저 집,

하늘의 허파

섬

나도 나한테는 남이다

풍랑을 수락하되
풍랑에 투항하지 않는
건드리면 금방 부서지는 물거품이라 해도
이리저리 휩쓸려
더 썩을 속도 없는 타관 객지
너 없이도 잘 늙어갈 때
멀뚱멀뚱 남 같은 내가 저리 까마득하게 머니
다치지 마라 마음아

나도 나한테는 섬이다

하모니카

달빛과 햇살 사이 반음처럼 새벽이 얇게 목을 떨고 입술 사이로 음표들이 지나갑니다

꽃이 피었다 지는 것도 한 호흡 속에 있고 나는 죽었지만 그대는 여전히 살아있습니다 한숨 쉬듯 둘러보니 푸른 강바람이 알레그레토로 섞입니다

헐렁하면 생이 샐까봐 입술을 바짝 붙입니다 미안한 얘기지만 들숨을 가로막은 것도 숨통이었습니다 숨줄 놓지 말라며 정화수 앞에 선 어머니 손바닥에도 숨통이 있었음을 이제야 깨닫습니다

반지하로 가는 계단이 악보로 보이는 방에도 도돌이표처럼 자박자박 누군가 찾아오는지 깊은 숨을 내지를 때마다 내가 지은 죄가 고음으로 잘 들렸습니다

뒤

주차해둔 차를 누가 들이받았다고 한다

밖으로 나가보니

뒤는 뒤를 잘 알아보지 못하고

햇살의 뒤꿈치만 창백하다

언제였던가

당신과 헤어진 뒤 건널목에서 뒤돌아보았을 때

그 자리에서 내 뒤를 지켜보던 눈빛

당신이 내 뒤를 보는지

내 뒤가 당신을 보는지

>

서늘한 뒤편을, 바람이 툭 치던 때

짠한 것들은 왜 뒤로 오는지

앞이 될 수 없는 뒤가 새삼 만져질 때가 있다

백목련

활짝 피지 않은 얼굴은
표정을 쉽게 들키지 않아
내가 누군지 남이 대답할 수 없지
꽃잎 사이 뾰족 내민 입술을 꺼낸다
길게 인중이 딸려 나온다
인중에 걸린 무지개는
비를 지나야 볼 수 있는 것

사랑, 누구나 아플 수 있지
아직은 봄의 먼 바깥
점점이 어두워지는
치사량의 그늘을 쓰고도 견딜 만한지
절로 눈이 감기는 백목련이 핀다

제2부

미안한 마음

흐린 날의 몸부림을 어디에서 잠재울까

죽음이란 말을 떠올리면 귓속에서 뭔가 자꾸 바스락거린다 아무도 모르게 덤으로 사는 목숨들이 많은가 보다 흐린 날은 죽기에도 좋은 날, 마음 놓고 죽을 수도 없는 마음이 아직 살아있는 죽음을 오래 들여다본다

가까이 죽은 사람의 무덤이 자꾸 늘어난다

맨발이 차다

펀치 않은 편지

재소자 A가
내 첫 시집을 필사해서 보내왔다

원주교도소 벽에 붙은 누런 신문에서
시 「사일못」을 보고 철창에서 철이 들었다는 A,
아프단 말은 없는데
행간마다 아픈 냄새가 난다

서로 다른 창으로 눈이 내리고
그리움보다 기다림이 길어
세상으로 뻗는 발 점점 오그라들고
걸을 때마다 자주 넘어졌다는 A

먼 데서 불어오는 바람이
눈을 찌른다

너무 길어서
길게 쓴 시 자체가 소음이었다면 어쩌나

덜 아문 상처 위를 스치는
혼돈의 그림자,

참 가벼워서 무거운

비익조(比翼鳥)

승용차 뒤를 자르르 따라가며
나비처럼 날아오르는 낙엽들 바라보며
마대자루를 꾹꾹 누르는 청소부
어쩌자고 가을의 꼬리는 이리도 무거운지
자루는 자꾸 달아나려 하고 얼굴은 단풍으로 물든다
낡은 몸 자루에서 삐져나온 청소부의 가을도
저렇게 날아오를 때 있을까
전쟁이 뽑아간 오른팔, 썰렁하다
날개 부러지듯 곤두박질친 세상 벗어나려

얼마나 끈질기게 퍼덕였는지

상실은 가벼워서 무겁고

한꺼번에 휩쓸려가는 것들은 불안하다

바닥에 떨어진 깃털 쓸어 담는 비질 소리

막다른 허공이 허공을 오래 붙잡고 있다

안부

어둠 속을 나는 새
어디로 가는지 꽁무니가 붉습니다
새의 날갯짓은 하나의 만년필
뚜껑을 열어 쓰고 또 씁니다
꼬깃꼬깃 접은 편지를 펼칩니다
꾹꾹 눌러 쓴 글씨가 또박또박
하늘에다 찍은 새 발자국 같습니다

목을 길게 늘인 새
뿌리칠 수 없는 어둠 앞에서도
등불 하나 켜들고
삐뚤삐뚤 쓸 수 있기에
밤이면 더 많은 별이 사운댄다고
멀리 있는 당신께
모르는 별빛을 다 아는 것처럼
달빛 안부를 전합니다

은행

바닥까지 흔들어 행구는 노구에게 몇 살이냐고 물었다 백 살이 여섯 번이나 입금이 되었단다 육백 살 뒤에 귀가 달렸다는데 밤에도 붙는 이자는 착한가

계좌가 서로 다른 너와 나 노랗게 물이 들었지 은행은 딴다 하지 않고 턴다고 한다 육백 번의 가을을 깔고 낮달이 굽은 몸 풀어 수천 개의 알을 턴다 부레 없는 물고기마냥 불룩하던 배 점점 홀쭉해지고

은행알들이 좌르르 비밀번호처럼 떨어져 뒹군다 가끔은 구르고 굴러서 살 만하다는 말, 그냥 밟고 지나친다

이 먼 곳까지 오시다니요

소나기 한 차례 지나가고
강물이 결 따라 산허리를 베는 오후입니다
광원암 수돗가에 섬처럼 엎드린 숫돌에
조계산이 들어와 앉습니다

숲을 향해 있던 우묵한 섬에서
아버지 저벅저벅 걸어 나옵니다
뜻밖이네요, 이 먼 곳까지 오시다니요

수학공식 어려운 법조항 하나 몰라도
가난에도 결이 있단 걸 어찌 알았을까요
여윈 등 웅크리고
앞에서 뒤로 뒤에서 앞으로
당겼다가 밀었다가 밀었다가 당겼다 할 동안
당신 무릎에 떨어진 눈물은 색깔이 없고
서럽고 무딘 날들이
어떻게 둥글어지는지 지켜보았지요

>

어젯밤에는 달빛이 한참 놀다 갔는지
벼린 낫처럼 달의 볼이 홀쭉해졌네요

휠휠

후박나무 아래 새로 돋아난 짧은 그림자 하나

쏟은 물 닦지 않은 것처럼 검게 피었다

당신 계신 곳에 당신은 없고

말뚝에 묶인 염소처럼 꽉 묶인 것들은 왜 슬픈지

고요해서 시끄러운

그림자가 그립다로 오기되는지

말라 떨어진 후박나무 잎이 혀를 끌끌 차는 소리

나는 눈으로 들었네

날개도 없는 저 오랜 말씀

단별 남루가 부푼 걸까

올려다본 하늘에

소리 없이 그림자 한 마리 훨훨

바닷물보다 눈물이 더 많다

누가 저 달 좀 꺼내주세요

밀물에도 글썽

썰물에도 글썽

사람 그리운 병 도지는 낮달을 품고

반짝 눈물로 살아가는 간월암,

그 누구도 울 일 없기를

또 한바탕

뒤척이는 간절함

희랑대

아직도 헤매고 있느냐
맨발로 달려 나온 소나무
희망은 눈에 보이지 않는다고 하는데

돌거북이 온몸으로 들쳐 업은 가야산에 들면
어느 이마에나 둥근 해가 뜨고
독성전 바위틈으로 핀 산나리꽃이
왜 내 사랑으로 보이는지

석등 앞에 서면
헛것에 묻혀 길 헤매던 흰 구름도
지장전 창포문살 빗질하던 햇살도
희희낙락, 희희낙락,
희랑대는 희망으로 붐비지

울적이라 쓰고 울컥이라 읽었다

나 죽거든 여기 묻어라
쭈그러진 양푼 한 개 묻어둔 등골산 자락
보물찾기하듯 이마 조아리며
며칠을 읽어도 안 보인다

지쳐 잠들었는지 무덤들은 다 무덤덤하고
이 산 저 산 뻐꾸기 운다

보이지 않는 것은 보이지 않지만
내일은 아무것도 실패하지 않은 새날*

무덤도 가끔 밥을 해먹나
찌그러진 양푼처럼 햇살 속삭이는데
흐린 묘비명 중얼중얼 읽듯
뻐꾸기 소리 환하게 멀다

만질 수 없는 것은 내 것이 아니라지만
몸 맡겨 묻힌 것들은 무엇으로 사랑을 할까

>

묻힐수록 솟아오르는 것을
울적이라 쓰고 울컥이라 읽었다

---

* 루시모드 몽고메리,『빨강 머리 앤』에서.

바람에도 묶이지 않는 새가 되어

뒤집어진 세월을 어떻게 뒤집을까

선장도 없이 하루 종일 비가 내리고
죽은 새가 우산도 없이 비를 맞는다
얼마나 더 젖어야 할까

구명조끼를 벗어준 아들을 벗지 못해
친구를 위해 세월 속으로 들어간 딸을 붙잡지 못한
그날이 헐렁하다
앓는 소리조차 앓아누운
16일이, 4월이, 2014년이 통째로 출렁인다

죽어서 더 짹짹거리는 새,
젖어서 더 마른 새,
내리는 비가 울듯 뼛속까지 내려가 우는 새,
겨드랑이에서 깃털 냄새가 나
나무와 나무 사이 흉터 같은 세월 지나
훨훨 날아 오려마

>

날개는 마지막까지 너그러운 게 좋아

꿈속에서 더 오래 살았으므로

바다는 소금 알갱이 하나 가져오지 말기를

어제보다 덜해요

삐뚤어져 뚜껑도 안 맞는 어제를 비틀며 어때요 묻는다
끼여 있는 어제는 오늘의 동생일까 형일까
발목 없는 눈[雪]이 뒤로 자빠지며 내리고
손을 자주 씻는 물약 같은 여자가
바닥 한 알 꺼내 비춰보더니

저만치 가다 돌아보는 강물처럼
—어제보다 덜해요

이미 지나갔거나, 아직 오지 않은 날
처방전만 받아먹어도 약국 전광판은 꽃처럼 환해지고

—하루 세 번 식후 30분,
　저 허공 한 봉지 충분한 물과 함께 드십시오

아, 하고 약 봉지 털어 넣을 때
데굴데굴 굴러가 버린 알약 같은 어제는
이제 내려놓아도 좋으련만

물의 마을

구름의 지느러미도 강의 치마폭에서는 잠시 쉬어간다

등 뒤의 햇살처럼 뭔가 풀리기 좋은 날, 양팔 벌려 반겨주는 오어사 원효교에서 물푸레나무 가지처럼 늘어져 나를 들여다보는 나를 놓아준다 잉크처럼 풀어지며 달리는 미꾸라지, 젖은 가슴속으로 더 적시는 나도 저렇게 풀릴 때 있을까? 물속 마을이 출렁한다 관절 풀리는 저 마을에도 사계절이 자라는지, 마을 어귀 당나무 그늘이 있는 집에서는 닭이 알을 품고 종아리 드러낸 채 아장아장 걷는 햇살 순해진다 이리 와! 걱정 많은 엄마 같은 물이랑이 저 혼자 부푼다 먼 데 종소리 달려온다 완창이다 물낯의 무늬가 젖은 허리를 접었다 편다 산그림자도 욜랑욜랑 없는 꼬리를 흔든다 차르르 날 밝는 게 두려워 밤마다 가슴에 돌을 안고 잠들었다는 당신, 엉덩이 털며 일어서는 구름 이야기 다 알아듣지 못하지만

젖지도 않은 그림자는 처음처럼 새것이다

스님의 주례사

말빚을 갚으려는지 후박나무에 내리는 빗소리처럼 흠흠 헛기침이다

—한마디로 말해서 나는 오늘 일찍이 안 하던 짓을 하게 됐다 이십 년 전에 지나가는 말로 대꾸한 말빚 때문이다 사람은 자기가 한 말에 책임을 져야 한다 오늘 짝을 이루는 두 사람도 자신들이 한 말에 책임져야 한다 청첩장에 믿음과 사랑으로 하나 되어 세상에 서겠다고 했으니 끝까지 책임져야 한다 부디……

고장 난 레코드처럼 귀에 못이 박히도록 들었던 말, 끝으로, 마지막으로, 부디, 다시 한 번 말해서, 한 마디로 말해서…… 회전문처럼 돌다 보면 말빚이 말빛이 될까

빚은 갚으라고 있는 것, 끝도 갓도 없는 갚음은 깊음이다 깊음도 너무 깊으면 지루한 법 하객들은 서둘러 자리를 떠나고

법정이 만들었다는 빠삐용 의자에 차르르 번지는 햇살과 개

울물 소리, 새소리, 바람 소리 모두 따라와 스님의 딱딱한 주례사를 듣는다

절벽이 날다

산목련 꽃잎은 흰나비, 느닷없는 깔딱 고개에서 웃을까 망설이다 발아래를 보니 까마득한 절벽이다 물러설 곳 없는 천길 낭떠러지 앞에선 가장 높은 곳에 얹어둔 것들이 가장 불안하지 이런 날은 날개가 절벽보다 무겁다

헌신짝 같은 나뭇잎에 부은 발 집어넣는 낮달

무너지지 않으면 세상 모든 벽은 별이더라 반짝이는 것조차도 시들해지는 계절 서늘한 하늘에 해고통지서가 솔개처럼 둥둥 떠 있다

절벽이 저리 가벼워도 될까

제3부

그늘

진명주간보호센터
복도에 딸이 온 줄도 모르고
연필심을 혀끝에 꼭꼭 찍으며
뭔가를 썼다가 금방 또 지웠다가 한다

그 옛날 당신이 자식의 수업 참관하셨듯이
여든두 살 알코올 치매를 지켜보는데
누가 부르지도 않았는데
뭔가 땡기는 게 있는지 고개 들어 두리번거리다가
갑자기 나타난 나를 보며
—우리 딸캉 꼭 닮았네예!

글썽글썽 지켜보는 저녁놀 눈자위가 따뜻해지는데
치매 입은 당신과
치마 입은 석양이 만나 펄럭일 때
그늘이 그늘을 위로하는 일
저승꽃보다 환하다

마음의 경전

그는 마흔여덟 장 화투경전을
손에서 놓지 않았지

자신의 끗발이
자식의 끗발이라

별처럼 조였던 패가
벌처럼 쏠 때가 더 많았지

조금 무거워지거나
가벼워지거나
가라앉거나
떠올려지는
가난과 대박은
좀처럼 어울리지 않았고

뒷목만 긁어대는 굽은 소나무 사이로
공산 달이 뜨니

잃어버린 본전 찾은 듯
모란꽃처럼 환해지는
아버지 얼굴

벼랑

끗발이 서리라

고넌 아랫도리가 확 벗겨지듯이 삼팔 광땡이 눈알에 박히리라

패가 밟힐수록 피 냄새를 물고

패를 밟을수록 똥꼬가 오므라들고

뻿센 기운이 불알 밑으로 기어들어
뭐든 뚫어버릴 것같이

열댓 섬 지기를 조져버린 그 끗발이 콱 막히고서야

아배요, 치매의 벼랑 끝 턱을 바들바들 떨면서

가끔 딸내미도 몰라보는…… 아배요!

>

노름판이 좋았던 기 아이라

거 벼랑에 몰려 패 조이는 끗발 맛이

고넌 아랫도리보다 더 기막혔던 기 아이라요?

병(甁) 속의 방

숙취가 풀리지 않아도 새벽은 또 오고요 슬픔을 희석하는 어머니, 반 덜어낸 소주병 속에 아버지를 꾸역꾸역 구겨 넣네요 행여 목 마를까 물도 함께 넣어 주네요

밀어 넣어도 밀어 넣어도 고래는 떠오르고요 그 고래 추울까봐 이불 덮어주듯이 얼른 뚜껑을 덮어요 술병 안에도 아버지, 술병 밖에도 아버지, 오늘도 많이 드세요

넘침과 졸아듦 사이

—술 떨어지면 숨도 떨어지는 줄 아는 너거 아부지 죽어서도 구멍 난 술통 밑에 묻어달란다 술통이나 숨통이나 그게 그건가, 그게 말이나 돼?

사방 통유리의 무덤 속에서 몇 명의 아버지가 어머니를 안고 나올까요?

부엌 바닥을 파고 묻어둔 밀주 같았던 말들이 방을 뎁히는

불쏘시개였나요? 꺼내지 못한 붉은 눈의 아버지, 청솔가지 같은 매캐함 껴입은 채 노송처럼 동그랗게 잠이 드네요

개안타

하지 못한 인사말 대신 간신히 뱉어낸 말
개안타

저 꽃밭에 거름처럼 묻어두고 싶은 말
개안타

개안타고 했던 때가 가장 개안치 않았던 날처럼

참, 알 수 없는 노릇

개안타는 말 자꾸 되뇌다 보면
침침한 눈 개울물에 씻은 듯
개안이 되는

왜 하필 백 살이에요

백 살 생일에 나도 술 끊을란다 왜 하필 백 살이에요 너거 할배가 내 생일날 돼지 새끼 한 마리 선물로 주시며 백 살 생일까지 잘 키우라고 하셨니라 얼마 후 할배 돌아가시고 술에 잔뜩 취해 돼지 새끼는 술과 바까뿌릿다 그때부터 술을 키았제 모가지 타고 내려가매 술이 꿀꿀거리데 천둥 치듯 심하게 꿀꿀거린 날에는 이천서씨 부령공파 27세손의 농익은 품위까지 덩달아 꿀꿀거리가 착한 너거 어매는 눈에 힘주며 배배 꼬인 돼지꼬리처럼 꼬여가더라 술병은 쓰러져도 술병으로 앓아누운 적 없었니라 백돼지처럼 오동통 술살이 올라 맞는 바지가 없었니라

백발 성성한 백 살이 오래된 애인을 흰 눈 속으로 보내줄 수 있을까 모든 단죄는 단주로부터 시작한다는 걸 동갑내기 뱃살은 알고 있지만 별말이 없다

오늘은 백 살 생일, 세상은 매일 누군가의 생일, 백기(白旗) 든 채 웃어도 웃는 게 아닌 술고래 한 마리, 손이 없다

침묵은 금이 간다

해바라기를 집에 두면 부자가 된다는데
식탁 위 화병에 꽂혀 있는 천성이 조화(造花)인 그는 침묵이다
그 옆에 보초 선 술병, 실눈으로 째려보며
—너거 아부지가 먼저 죽어야 될 낀데

머리숱이 빠져 가르마도 없는 엄마는 자식이 가져간 전복죽을 먹으며
무슨 든든한 지원군이라도 만난 듯
전복껍데기 같은 말 툭툭 내뱉는다

이쯤 되면 예방주사 맞기 싫어 맨 뒷줄에 설 때처럼
불안에도 소리 없이 금이 가고
엄마는 아버지 때문에 자주 더 실금이 갔고
아버지 덕분에 힘껏 아프기도 한데

스무네 살에 떠난 형이 남긴 금은 좀체 아물 기미가 없고
둘러보면 금 간 것이 적지 않아

친정집엔 돈보다 금이 많다

저녁연기가 금 간 하늘을 비낀다

낮달

학교 마치면 꼴망태를 메고 금자랑 밭둑에 갔다 놀고 싶은 마음 애써 누르며 낫으로 풀 밑동을 쓰러뜨렸다 낫에 허리를 내준 풀들이 빗금으로 픽픽 쓰러졌다 뿌듯함이 바랭이풀보다 길었다 더 힘주어 풀을 베는데 낫이 왼쪽 발목에 푹 내리꽂혔다 발목은 풀이 아니야! 소리쳤으나 낫은 듣지 못했고 소띠 가시내는 훅 쓰러졌다 낫이 지나간 자리마다 풀들도 피 흘리는지 피비린내가 마을로 번졌다 발목에 꽂힌 비명을 뽑아들고 소죽처럼 펄펄 끓으며 엄마에게 갔다 주먹돌로 콩콩 찧은 쑥을 된장과 함께 버무려 낫에게 파먹힌 상처에 붙이고 실로 꽁꽁 싸맸다 엄마는 어딘가 많이 아픈 소처럼 울었다

덮어둔 서러움에 손이 가는 여덟 살 칠월이었다

안개

묽은 미음 같은 형은 이제 나를 알아보지도 못하고

물린 데도 없이
한쪽 다리를 절룩인다

없는 개가 또 짖는다

소리 없는 생애가 더 슬프다는 걸
꼭 아는 사람처럼

뒷다리 들고
낌새를 살피는 삽살개

오늘도 소리가 없다

없기 때문에 있는 것
뿌옇게 몰려다니는 저, 안개

돌탑

햇살이
굴절될 때마다
동생이 하나씩 늘어났어
쌀가마 불어나듯 든든했지
두 누부를 깔고 앉았으나
일부러 누르는 법이 없었지
가끔 누부야! 하고 부르면 둘 다 왜? 하는 바람에
나는 작은 누부와 큰 누부라며 호칭을 달아주었어
동생들은 언제나 나보다 위에 있었고
두 누부는 언제나 나보다 아래에 있었지
언제부턴가
아랫니가 빠진 듯했어
목이 터져라 불러도 대답이 없었어
바람은 더 이상 자라지도 않았어
누군가 앉았던 빈자리는
침묵으로 소란스러워
쓸데없이 더 또렷해지고
간극은 껴입을수록 추운지

사라지는 일보다 더 가혹한 것은
그래도 살아지는 일
어디에서 뭘 먹고 사는지,
어디에서 잠자는지

차마 물어보지 못해 무너지지도 못하는

지워지지 않는 그림

대곡천 반구대 암각화에서 걸어 나온
고래, 뿔사슴, 거북, 물고기와 함께 살았던 적 있다
북방수염고래와 비릿한 통화를 하고
사슴과 태화강에서 수영하며 지냈다

가까운 것이라고 늘 가까운 것은 아니었지
화가가 꿈이라고 했을 때
밥 빌어먹을래! 작살 내리꽂혔지
비 오는 날 더 선명해지는 너를
차마 못 버리는 그림처럼 바위 위에다 얹어두었지

비바람에도 지워지지 않는 사연을 새기려는지
누가 애인의 손을 붓처럼 휘어잡고
바위 쪽으로 가는데 고래 울음소리가 들려와

혹등고래가 하는 말 다 알아듣지 못하지만
제 상처를 지울 수 있다면 그건 사랑이 아니지
봄은 저 혼자 오고 저 혼자 가지

바위에 새겨진 갈피갈피 영롱한 별빛

서른 부근의 화폭에 손을 대었다, 데었다

노을

나중에 아주 나중에도 지금과 같을 줄 알았다

계곡 물소리도 가늘어지고
노을도 어둠으로 옷 갈아입는 시간
어쩌자고 더 깊이 뿌리를 내리는지

나를 보기 위해 너는 더 캄캄해지고

눈물에 비친 노을인지
노을에 비친 눈물인지

일부러 붉어지는 사람도 있을까
일부러 붉어지는 사랑도 있을까

침침해진 눈이 더 밝아졌으면 좋겠다

아주 잠깐

강물이 말라버릴 것 같은 두려움은 어디서 오나 강물을 사각으로 오려다 액자처럼 세워놓았죠 붙잡아 세워둔 것들, 아득함으로 오금이 저린데 웃지 않는 얼굴은 울지도 않고, 온 곳도 모르고 갈 곳도 모르는 강물의 중심은 액자 밖에 있고 결혼사진은 지금도 뜬 눈인데 눈 감은 사람들이 더 많은 저 찰나를 어찌할꼬

찰칵, 강물이 어떻게 강둑을 위로할까 김 서린 유리창 닦듯 밤이슬이나 셀까 하는데 조각달 둥싯 뜬구름 스쳐가듯, 산다는 것은 아주 잠깐, 서서 잠이 들기도 하는, 아주 잠깐 변방이 되기도 하는 것

액자 밖으로 달려 나온 강물은 끊임없이 걷느라 눈 감지 않는 것일까, 뜬 눈의 하현달이 서둘러 때 묻은 신발을 바꿔 신는, 순간이 영원이다

얼레지야

남해 부소암 가는 길

갑자기 내리는 소나기도 할 말이 많은 것이다

우산 대신 뒤집어쓴 비닐봉지,

비의 몰매를 맞더라도 얼빠지면 안 되지

얼굴을 그리면 얼굴이 지워지고 말아

젖을 일들은 뜻밖에도 일어나게 마련이어서

얼비치는 빗물 속에 그대 얼굴 번들거리는데

젖으면 잘 마르지 않는 날개라 해도

얼마든지 젖어주마

보고 싶음도 죄라면

얼레지야 썩지 않는 비닐 같은 그리움 훔쳐내며

이제는 네가 걸어갈 차례야

바위틈에 납작 엎드려

왜 팔을 뻗지 못하니 얼레지야

이만 총총

사랑요양원 복도 양쪽으로 관 같은 방들이 가파르게 늙어가는 중이다

구름 타고 멀리 간 어머니 같은 누런 얼굴들, 묘수 없이 완전무결한 것은 늙음뿐, 이따금 문 쪽으로 아프게 돌아가는 눈빛에 바람만 왔다 간다 공벌레처럼 몸 말아 죽음을 치대는 중인가 저 부드러운 모서리들 진지함에는 후진이 없다

삶의 비루함은 요약되지 않는 것이라지만 그녀는 요양원에서 요약하기로 한다

요약하며 살아온 것이 아니어서, 요약할 것에게도 무슨 위로가 필요할까 할 말은 해야겠다고 시작한 편지도 할 말 다 못하고 이만 총총이라고 하듯 누군가를 그리워했던 일도, 제 이름조차도, 냇물 소리에 모서리를 깎는 오후 두 시

저승꽃이 죽음을 오래 들여다본다

제4부

줄장미

담장 타고 외줄 지어 올라선 꽃송이들이 무소식과 희소식 사이를 잇는 오작교 같다 내 갈 길 아직 멀어도

송이송이 건네줄 수 있을까,

당신

대숲 길에서

대숲 길 걸어보셨나요

보이는 길만 길이 아니어서

멈춰 서서 뒤돌아보아도 댓 그늘은 푸르고

푸르게 살자고 한 말이 푸르게 죽자로 들리는지

사람들 눈에 보이지 않는 이름으로 가득한 허공

내 안의 주인은 오직 너라고

오래전에 구름을 찍어 꾹꾹 눌러 쓴 한 페이지 섬

바람이 허리 굽혀 읽고 또 읽는다

대나무 틈 사이로 새는 햇살처럼 휘갈겨 쓴 말

>

어떻게 읽어도 읽혀지지 않는다 하여

내 살아가는 푸른 이유 지우지 말아라 강물아

어떤 악필도 악착스럽게 다 읽어낸 굵은 손마디

강물보다 맑은 대숲에 숨어 기다리고 있을 테니

산수유

비슬산 숲에는 다 늙은 유모가 산다

다가올 듯 멀어지고
멀어질 듯 다가오는

꽃이 너무 멀어
혼자서도 자주 우묵해지는 산수유

온 산 다 먹여 살릴 만큼
젖이 돌아서

어린 새들에게까지 수유하는 걸
아무도 눈치채지 못한다

사월

벚나무 아래
깡통식혜 파는 할머니
좌판에서 일어설 때

우두둑우두둑
뼈마디 곡성도 함께 일어선다

고통도 함께 사는 식구여서
쉽사리 내치지 못한다

펼 수 없는 어제는
어찌해도 펼 수가 없고

꽃이 피지 않는 다리는
꽃이 피어도 펴지지 않는다

할머니가 굽은 허리를 펴는 동안
굽은 허리는 할머니를 편다

새

잠시
눈 감았던
자리가 그리운지

까만 쉼표처럼
머리 위에 앉는다
텅 빈 머리가
잠깐 맑아진다
가만있질 못하고
어깨 쪽으로
옮겨 앉는다

나를 형이라 부르던
오래된 그 사람처럼
머리카락 헤집으며
기억을 파먹고 사는지
내 어깨를 콕콕
쪼아댄다

>

내 귀와 손에,
발과 가슴에
겨드랑이에,
옆구리에,

한 생애를
미리 살고 가버린
새가 있다

입

가진 것 다 비운다고 비웠건만

불룩한 저 봉분 좀 봐

입(口) 없으면
입(入) 없으니

입만 살아
자기 소리는 한마디도 못하는
앵무새 같은

그 입 다물라!

귀뚜라미

반짝이던 것조차
시들해지는 계절이 오면

귀뚤귀뚤
나는 입이 무거워서

비뚤비뚤
거짓말할 줄 모른다

풀잎이 웃으며
바보야

그게 거짓말이야
귀뚤귀뚤

칸나

한때 너였던 이 꽃을 타향이라 부른다

스치고 지나는 것이 꽃뿐이랴

빗방울만 어깨에 툭 떨어지랴

비는 비끼리 젖고

초록은 초록끼리 몸 섞으며

빗발을 뒤집어쓰고

복병처럼 드리워진

칸막이 없는 계곡을 지나보면 안다

보고 싶다고 다 볼 수 있는 것이 아니란 걸

>

찔끔 눈만 감아도 피가 난다는

빗방울 설법이

네 서랍 칸칸마다 가지런한데

눅눅한 타향이 모처럼 붉다

붉음이 한 칸씩 꾸역꾸역 번진다

수화물을 찾으며

그대라는 짐,
한 걸음 물러나서 보면
짐이 아니라 임인 것 같은데
잠시잠깐 순간을 놓쳤다 해도
선 채로 한 백 년쯤 기다리면 또 어떤가
어차피 또 오늘인걸

이런저런 생각 또한 또 다른 짐일 터
짐이 있다는 건 아직도 믿을 구석이 있다는 것
구석에서 보면 식구 같은 구석
잠금장치가 있고 없고는 하나도 중요하지 않아

즘생*같이 말없이 서서 짐 하나 끄집어낸다
그대라는 이름에 묻혀 나는 안 보이고
짐을
짐(朕)처럼 정중히 모신다

---

* 짐승의 방언.

다솔사

편백림 가지 끝에 새는 구르고 돌은 난다

속내 들킨 채로 죽어서도 사는 은행나무 한 분

죽음을 입은 것인지 벗은 것인지

평생을 죽어도 다 죽지 못하고

눈길 가는 곳마다 다복다복 걸어서는

대양루에서 부는 바람 도솔도솔 내려놓고

108계단 디디며 봉명산이 올라갔다 내려오는데

다심도 하시지

와불은 비스듬히 누워서도 잠들지 않는다

눈물이 왜 별처럼 반짝이는지

언젠가 어머니가
산초 열매 좀 다듬어주라고 했는데
탁탁 벌어진 것들 사이에도
피딱지처럼 잘 안 떨어지는, 잘 못 떨어지는
깜깜 오므린 것들 벗기느라 녹초가 된 적 있었네
검은 알맹이 내밀며
—다 다듬었어예
—에헤이 껍띠기는 우옜노
—깔끔하게 내삐맀지예

버려버린 껍질의 불가피,
취해야 할 것은 버리고
버려야 할 것들 남아 까맣게 취하는 저 어처구니
엄니는 아주 당황해했네

새치머리 뽑아드린다고 해놓고
검은머리도 함께 뽑았을 때의 난감함이라니
보이지 않는다고 없는 것은 아니지만

얄팍한 속내는 이내 들키고 말아
만만한 게 눈물바람 아닐까
자다 깬 아이처럼 엉엉 울고 싶었네

움푹 팬 검은 눈에서 흐르는 눈물이
왜 별처럼 반짝이는지
슬퍼서 우는데 우니까 더 슬퍼지는
아, 이 비옥한 모순 덩어리

오늘이라는 기척

구름이 밥을 찐다 해도 간편하게 누룽지나 삶아 먹자 했지 그 말이 나는 왜 간편이나 누글누글 삶아 먹자로 들렸을까 산다는 일이 늘 그래 위에 견주면 설고 아래에 견주면 타는 듯한데

밥 굶기 좋은 날엔 누긋누긋 공중부양이나 할까 싶어, 입맛 없는 저녁에도 굴뚝은 말이 많아지고 어색한 분위기부터 풀어야지 눋지 않게 시계 반대 방향으로 저으면 꽁꽁 얼었던 관계도 흐물흐물 풀어질까 가슴 뜨거워지는 일, 몇 바퀴를 저었는지 기억도 안 나

사는 일 죽도 밥도 아니라고 절레절레 고개 휘젓는 건 정말 곤란해 일어나주길 바라는 기적은 오늘도 기척이 없고 너와 너, 나와 나, 눈길마다 풀리는 저 달의 체온과 향기와 부드러움, 씹을 것 하나 없는 완제품, 삶은 누룽지다 우수 부근을 지나던 바람 저 바람, 바람

별리

—끼니 맞춰 잘 챙기 묵고 아프지 말고……

아직은 헤어지는 법을 배우지 않았으므로 울지도 못하는 물살의 힘은 이별에 적당한 온도를 가졌을까 보내는 사람과 떠나는 사람 사이 아들과 엄마, 꽉 틀어막아도 뭐가 자꾸 소리 없이 샌다 동그란 열아홉 살, 손에 들린 햄버그의 꽉 다문 입, 대합처럼 잠잠 침묵이다

두 손 탁탁 털며 돌아서지 못하는 아들은 평생 어린, 평생 아린 먼 바깥인지 태연하지 않은 것이 가장 태연한 걸까 뿌연 허공을 문지르며 제비 날치 한 마리 점점이 멀다

민들레

천리 밖에서도 나를 아는 사람이 있어요

울 엄마는 멀리 있어도

내 표정을 다 살펴

—니 무신 일 있제? 잘 있나?

마른침 서둘러 삼키며 고개 돌려 말해요

—잘 지내요……

통화가 길어지면 전화를 자꾸 못 끊는다

보도블록 틈 사이

노란 민들레 꽃잎에 맺힌 이슬은

>

딸 대신 울어주는

우리 엄마 속울음이에요

주문

'남을 행주로 보면 내가 행주가 되고
남을 걸레로 보면 내가 걸레가 된다'

글귀가 붙어 있는 식당에서
누에가 짬뽕을 먹고
사람이 뽕잎을 먹습니다

누가 행주이고 걸레인지

—주문받겠습니다, 손님
　꿈은 셸프입니다

해설

은유의 언어학과 사물의 인간학적 존재론

진순애(문학평론가)

서하의 시는 은유의 언어학으로써 사물의 존재성을 인간학적으로 특화시키고 있다. 이는 우리 시단에서 최근 보기 드문 현상으로도 보인다. 독백적 흐름의 산문적 시 쓰기가 최근 우리 시단의 특징적 풍경인 까닭이다. 이와 같은 상황에서 서하 시의 은유는 참신한 긴장감으로 사물의 존재성을 인간학적으로 길어올리면서 우리의 주의를 환기시킨다. 그것은 지난한 생활을 고양시키는 혹은 초월하도록 유인하는 사유가 동반된 시 쓰기다. "은유를 잘 다루는 시인이 천재적 시인"이라는 아리스토텔레스 이래, 은유는 시인의 시인다운 덕목일 뿐만 아니라 "시란 사상이 아니라 말, 곧 언어"라는 말라르메의 언명처럼 언어를 잘 다루는 자로서 시인의 자격을 확인하게 하는 시의 중심 기제이다.

언어 외연으로서 은유의 '본질적 특징은 비교적 익숙하며 구체적으로 알고 있는 것과, 더욱 소중하고 가치 있는 것이지만 잘 알려지지 않은 막연한 것과의 유사성을 표현하기 위한 것'이다. 여기에 내포된 세계로서 은유의 '진정한 가능성은 새로운 자질과 새로운 의미가 탄생될 수 있다는 폭넓은 존재론적 사실에 기인하며 이들은 과거에 시도된 적이 없는 새로운 결합 작용'에 이른다. 이러하듯 서하 시의 은유는 언어학적 외연에 사물의 존재론을 인간학적으로 부여하고 있어서 단순한 언어유희 차원을 벗어난다. 언어유희는 은유의 일차적 기능일 뿐 언어유희의 시적 기능은 은유에 내포된 세계관과의 결합에서 그 진정한 기능이 있기 때문이다. 이와 같은 서하의 시는 결국에는 풍자적 은유로써 탈휴머니즘과 욕망주의를 비판하는 시의 동시대적 역할에 닿아 있다.

뼈에 사무친다는 말의 무게 바람은 알까

팽나무 그늘이 피아노 건반처럼 누르는 강 물결 위로
가볍게 혹은 무겁게 노을이 진다
당신을 처음 만났을 때 허락도 없이 사무쳤던
그 적막에도 물약처럼 꽃이 진다

지는 것, 그거 참 다행이다
가까이 혹은 멀리서 출렁이는 피아노 소리 따라
작은 나룻배가 붉은 울음을 주워 담는데

저무는 것이 어디 사랑뿐이랴
목쉰 나루터가 손나발로 일몰을
사무치게 부르는 이유 조금은 알 것 같다

단 한 번의 연습 없이 철드는 강물처럼
노을은 지는 게 아니라 자꾸 떠오르는 것
사문진에는, 일몰도 일출이다

—「사문진 일몰」 전문

시는 사문진의 일몰이 '뼈에 사무치는 삶'의 무게로 부상하는 은유의 언어학으로 돋보인다. 그것은 사문진과 사무치다의 유음이의어이면서도 유음유의어적인 은유의 기능 때문이다. 특히 일몰의 사문진 풍경이 사무치는 삶을 노을빛처럼 짙게 한다는 유음이의어적인 은유가 유음유의어적인 은유로 변환하며 그 지점에서 시적 긴장을 낳는다. 나루터의 명칭인 사문진일지라도 그곳에는 인간의 삶이 녹아 있다. 장소는 혹은 공간은 인간학적 존재성으로 자연의 존재성이 새로워지는 까닭이다. 그러므로 일몰의 노을에 물든 나루터 사문진이 누군가의, 그리고 서하 시인의 뼈에 사무치는 삶의 공간이었을 것으로 짐작하자. 사문진이 있어서 사무치는 삶이 환기되고, 사무치는 삶으로 인해 사문진이, 그리고 사문진의 노을이 뼈에 사무치는 공간으로 환기되면서 양자가 결합된 교유적 은유로써 사문진이, 그리고 사무치는 삶이 새롭게 환기된다. 무엇보다도 은유의 언어학으로써 사문진의 인간학적 존재성이 새롭게 탄생하는 데 시적 묘미가 더한다.

특히 뼈에 사무치는 까닭은 사문진에 노을이 진 까닭에 있을 것이며, 당신을 처음 만났을 때의 적막이 환기된 까닭에도 있겠고, 노을빛 바다 위에 붉은 울음으로 목쉰 작은 나룻배가 떠 있는 까닭에도 있을 것이다. 무엇보다도 사랑이 저물어가는 사무친 마음을 사문진의 노을이 은유하는 까닭 때문일 것이다. "노을은 지는 게 아니라 자꾸 떠오르는 것"이라는 역설적 지시처럼 사문진의 노을 때문에 추억이 그리고 삶이 뼈에 사무치는 것인지, 뼈에 사무치는 추억이나 삶으로 인해 사문진의 노을이 적막한 이미지로 환기되는 것인지의 선후야 그리 중요한 것이 아닐 것이다. 흔히 '노을이 진다'고 하지만 노을은 져서 사라지면 그만인 것이 아니라 내일이면 또다시 떠오르듯 과거도 노을처럼 떠올랐다가 졌다가 다시 떠오르므로 그러하다. 삶의 순환이 그러하듯 사물도 이율배반의 원리로 순환한다. 때문에 일몰이 일출인 것이다.

입속에서 터져버린 고백이 샐까봐 아무 말 못하겠다

다 빼앗기더라도 마음만은 뺏기지 말라는 뜻을
가지가지에 붉게 매달고 상화 고택 가는 길가에
청사초롱 밝혀 든 석류나무 한 분

불을 바라보는 나와 나를 바라보는 불빛이
약속도 없이 우연히 만난 첫사랑처럼 아득하다

세상에 없는 애인은 어디로 갔고
저 불빛은 어디서 왔나

석류 위에도 석류
석류 아래에도 석류

석류 어깨에 걸린 시린 사랑 길 잃을까
미간을 잔뜩 찌푸리고 지나가는 저 여자
끌어당기지 않아도 늘어난 석양처럼 눈자위가 붉다

참 난처해라
오늘도 어제도 끝내 터뜨리지 못하고
입속에 차오르는 이름으로 침이 한가득 고이는지

그림자 입에 넣고 굴리다 사리 같은 별 툭툭 내뱉는 밤

당신 참 시다, 詩다

—「당신 참 시다, 詩다」 전문

'신 석류가 시'라는 은유의 언어학도 사문진의 노을처럼 이율배반적 사물의 존재성을 내재하고 있다. 동음이의어의 은유가 석류의 존재성에 인간의 존재성을 이율배반적으로 내재한 것이다. 석류가 시듯이 사랑이 시고 삶이 시며 세상이 시다. 고백도 못한 채 아쉬움을 간직한 마음이 시고 약속도 없이 우연히 만난 첫사랑이 시며 애인과의 이별이 시고 사랑을 잃을까 졸이는 마음이, 그리고 길 잃은 삶이 시다. 그래서 비로소 시가 탄생한다. 시가 있어서 신 석류의 존재성이 새롭게 환기되는지 석류로 인해 "당신 참 시다, 詩다"라는 표현이 탄생되는지의 선후는 노을의 그것처럼 차치할지라도 시는, 그리고 삶은 '신 석류'처럼 시다. 그러므로 '시다'는 '쓰다'와 멀지 않다. 은유가 확장되는 순간이다.

"입속에서 터져버린 고백이 샐까봐 아무 말 못"하고 있는, 그리고 "다 빼앗기더라도 마음만은 뺏기지 말라는 뜻을" 내재한 석류가 마음의 인간학적 존재성을 환기한다. 은유의 언어학이 은유의 담론으로 확장되면서 사물의, 그리고 석류의 의인화를 촉진시킨다. 자연과 인간이 혹은 석류와 인간의 삶

이 교유로 결합하는 순간이다. "자연이 영혼을 상징하며 사상의 운반자"라는 에머슨의 지적처럼 자연이, 그리고 사물이 언어의 고향이므로 시의 고향 또한 자연임을 환기시키는 석류의 인간학적 존재성인 것이다.

가만히 아팠다 희끗희끗 나부끼는 아픔은 희끗희끗 견디면 된다는 걸 술렁이는 그늘에 들면서 알았다, 앓았다

엇박자로 날리는 눈발처럼 그렁그렁한 눈인사 속속들이 앓는 중 아닐까 도원에는 가시에 젖은 지느러미가 있어 버둥거리면서도 찔끔찔끔 잘 산다는 걸 알았을까, 앓았을까

이불도 걷어차며 잠이 드는 한 채의 병이 제 집이란 걸, 날 밝으면 도로 숨어버리는 그늘도 있다는 걸 자잘한 꽃 씹으며 알았다, 앓았다

오래된 고통은 아름답다던 말, 아카시아 그늘이 거짓말처럼 다디달다는 걸 알았다, 앓았다

—「아카시아」 전문

"아카시아 그늘이 거짓말처럼 다디달다는 걸 알았다, 앓았

다"라는 은유의 언어학과 은유의 담론이 '아카시아 그늘이 다디달다는 말에는 삶의 그늘이 그러하다는 것을 알아가는 과정에 쓴 세상앓이가 있음을' 내포한다. "오래된 고통은 아름답다던 말"처럼 그 의미를 깨닫게 된 결과는, 그러니까 어떤 것을 이해하는 데 이르기 위해서는 그에 상응한 대가를 치러야 한다는 의미가 내재된 것이다. 세상살이에는 공짜가 없다는 진리를 알기 위해서는 세상을 살아봐야만 비로소 알게 되는 것과 같은 이치의 은유 담론이다.

아카시아 흰 꽃이 바람에 희끗희끗 나부끼는 모습처럼 쓴 세상살이도 나부끼는 아카시아 흰 꽃잎처럼 희끗희끗 나부끼면 혹은 견디면 된다는 것을 아카시아 그늘에서 깨닫는 것은 아카시아 흰 꽃이 서하 시인에게, 그리고 인간에게 선사하는 선물이다. "이불도 걷어차며 잠이 드는 한 채의 병이 제 집이란 걸, 날 밝으면 도로 숨어버리는 그늘도 있다는 걸 자잘한 꽃 씹으며 알았다, 앓았다"의 은유도 쓴 세상살이의 이치를 깨닫는 것과 같은 이율배반적인 이치의 담론이다. 아카시아 꽃이 단지 혹은 쓴지도 씹어봐야 알 수 있듯이 삶이 그러한지도 아카시아 꽃잎 씹듯이 고통의 탑을 건너봐야만 알 수 있는 일임을 내포한 은유이다.

주차해둔 차를 누가 들이받았다고 한다

밖으로 나가보니

뒤는 뒤를 잘 알아보지 못하고

햇살의 뒤꿈치만 창백하다

언제였던가

당신과 헤어진 뒤 건널목에서 뒤돌아보았을 때

그 자리에서 내 뒤를 지켜보던 눈빛

당신이 내 뒤를 보는지

내 뒤가 당신을 보는지

서늘한 뒤편을, 바람이 툭 치던 때

짠한 것들은 왜 뒤로 오는지

앞이 될 수 없는 뒤가 새삼 만져질 때가 있다

—「뒤」 전문

전진이란 그리고 발전이란 앞으로, 미래로 전진하는 까닭에 뒤에서 오는 것을 혹은 뒤에 있는 것을 우리는 잘 보지 않는다. 때문에 뒤에 있는 것을 인지하기 위해서는 '주차해둔 차를 뒤에서 누군가 들이받은 것'처럼 뒤가 아파봐야만 비로소 깨닫게 된다는 역설적 담론이 이율배반적 삶의 원리를 은유하고 있다. 물론 인간의 외모가 앞면을 보도록 구조되어 있으므로, 주로 앞면만 보는 것은 당연한 일일 것이나 내면의 눈으로 뒤도 보고 옆도 보아야만 비로소 깨우침이라는 인간다운 명제에 이른다. 이렇듯, '뒤'는 단지 앞의 반대말이라는 사실적 의미를 넘어서 보이지 않는 부분에 대한 은유이다.

"당신과 헤어진 뒤 건널목에서 뒤돌아보았을 때/그 자리에서 내 뒤를 지켜보던 눈빛"처럼 내가 볼 수 없는 내 뒤를 당신은 볼 수 있으므로 내가 누구인지를 아는 데는 당신의 존재성이 필수불가결하다. 때문에 '뒤'는 타인의 존재성조차 은유한다. 뿐만 아니라 "서늘한 뒤편"처럼 뒤로 오는 것들은 "짠한 것들"이라는 은유적 지시가 '뒤'의 존재성을 인간학적 존재성으로 새롭게 환기하고 있다. 단지 뒤편이라는 방향의 지시어에 국한된 것이 아닌 것이다. 뒤는 앞이 될 수 없지만, 그리고 앞도 뒤가 될 수 없지만, 뒤가 있어서 앞도 있고 앞이 있어서 뒤도 있으므로, 결국 앞과 뒤의 존재성은 상호보완적이면서 각각으로 존재한다는 내밀성을 함유하고 있다. "짠한 것들은 왜 뒤로 오는지"라는 '뒤'가 방향의 뒤를 넘어 '시간이 지난

뒤'라는 의미조차 내재함으로써 '뒤'에 대한 은유의 언어학을 더욱 빛나게 한다.

> 하지 못한 인사말 대신 간신히 뱉어낸 말
> 개안타
>
> 저 꽃밭에 거름처럼 묻어두고 싶은 말
> 개안타
>
> 개안타고 했던 때가 가장 개안치 않았던 날처럼
>
> 참, 알 수 없는 노릇
>
> 개안타는 말 자꾸 되뇌다 보면
> 침침한 눈 개울물에 씻은 듯
> 개안이 되는
>
> —「개안타」 전문

'개안타', 곧 '괜찮다'는 말을 할 때에는 전혀 괜찮지 않을 때가 더 많다. 사실로 괜찮아서 괜찮다고 말하는 때는 비율로 보아 10%쯤이라고 추정하자. 이렇듯 전혀 괜찮지 않음에도 괜찮다고 말하는 때는 상대에 대한 배려인 경우가 대부분이다.

"개안타고 했던 때가 가장 개안치 않았던 날"이라는 역설처럼 '개안타'고 하는 것은 자신보다 상대를 더 배려하는 마음인 까닭에 「개안타」는 배려심에 대한 찬가로 빛나는 은유의 언어학이자 담론이다.

때문에 "개안타는 말 자꾸 되뇌다 보면/침침한 눈 개울물에 씻은 듯/개안이 되는" 경지에도 이르게 된다는 것은 삶의 아이러니다. 삶이 아이러니하지 않고서야 그리고 이율배반적이지 않고서야 '개안타'가 개안의 경지에 이를 수는 없다. 삶이 과학이나 수학공식처럼 똑 떨어지거나 그 결과가 훤히 보이는 상황만 연출된다면 그것은 삶이 아니라 말 그대로 과학이다. 그러하듯 '개안타'는 말이 있어서 괜찮지 않은 삶이 괜찮아지기도 하며, '개안타'는 말을 자꾸 되뇌다 보면 개안의 경지에 이르게도 된다. 그 까닭의 근원이 언어에 있는 것인지 말하는 인간의 심리에 있는 것인지야 차치하고라도, 어쨌거나 '개안타'는 말이 있고, 개안타를 자꾸 되뇌다 보니 개안의 결과에 이르므로, 결국 개안에 이르는 데는 개안타는 말의 힘이 크게 작용한다는 점을 간과할 수 없다. 말의 힘을 알리는 은유인 것이다.

해바라기를 집에 두면 부자가 된다는데

식탁 위 화병에 꽂혀 있는 천성이 조화(造花)인 그는 침묵이다

그 옆에 보초 선 술병, 실눈으로 째려보며
—너거 아부지가 먼저 죽어야 될 낀데

머리숱이 빠져 가르마도 없는 엄마는 자식이 가져간 전복죽을 먹으며
무슨 든든한 지원군이라도 만난 듯
전복껍데기 같은 말 툭툭 내뱉는다

이쯤 되면 예방주사 맞기 싫어 맨 뒷줄에 설 때처럼
불안에도 소리 없이 금이 가고
엄마는 아버지 때문에 자주 더 실금이 갔고
아버지 덕분에 힘껏 아프기도 한데

스무네 살에 떠난 형이 남긴 금은 좀체 아물 기미가 없고
둘러보면 금 간 것이 적지 않아
친정집엔 돈보다 금이 많다

저녁연기가 금 간 하늘을 비낀다

—「침묵은 금이 간다」 전문

'불안한 심리 때문에도 소리 없이 금이 가고, 엄마는 아버지

때문에 자주 더 실금이 가고, 스무네 살에 떠난 형이 남긴 금은 좀체 아물 기미가 없고, 둘러보면 금 간 것이 적지 않아, 친정집엔 돈보다 금이 많듯이' 금은 돈과 같은 금이고 줄이라는 의미의 금이자, 상처를 의미하는 금이며 깨진 자국이라는 금이기도 하다. 뿐만 아니라 '침묵이 금이 가면' 침묵을 깨는 소리이므로 이때의 금은 소리에 해당한다. 금의 언어학이 은유의 언어학으로 빛난다.

'침묵은 금'이라는 과거 사회의 명제가 현대에 와서는 완전히 뒤바뀌어서 '조화가 침묵'이라는 비유처럼 침묵하면 바보로 평가되는 상황이지만, 그럼에도 침묵의 이면을 볼 줄 알아야만 삶과 사물의 진정한 가치를 깨닫는 개안에 이른다. 그러므로, 비록 침묵에 금이 갈지라도 그것은 순간일 테고, 침묵은 여전히 금의 값을 지닌다. '침묵의 안을 볼 줄 알아야 한다는 인간학'을 지향하면서 '침묵이 금'이라는 가치가 훼손된 동시대를 풍자하는 은유의 담론이다. 풍자가 은유를 낳고 은유가 풍자를 낳는 비판의 담론으로써 양자가 불가분의 관계로 작동하고 있다.

가진 것 다 비운다고 비웠건만

불룩한 저 봉분 좀 봐

입(口) 없으면
입(入) 없으니

입만 살아
자기 소리는 한마디도 못하는
앵무새 같은

그 입 다물라

—「입」 전문

욕망은 왜 문제일까? 문명은 욕망을 먹이 삼아 전진해왔을 것이다. 신의 경지에 이르고자 한 인간의 욕망이 현대의 첨단 문명을 이룩했고, 백세 장수시대를 열었다. 그러나 생명 있는 것은 모두 소멸한다는 과학적 명제에서 벗어날 수는 없음에도, 이를 벗어나고자 자연의 이치를 어기려는 욕망의 불에 문제가 내재한 것은 자명하다. '가진 것 다 비우고 죽음에 이르렀지만 불룩하게 솟은 봉분'처럼 인간의 욕망은 사후에도 살아있다는 풍자가 욕망은 생사를 넘나드는 불사조임을 낳는다.

그와 같은 욕망의 출처는 어디인가. '입(口)이 없으면 들어가는(入) 것도 없으니, 입만 다물면' 욕망도 닫힐 것이라는 풍자가 은유를 혹은 은유가 풍자를 낳는다. '자기 소리는 한마디도 못하지만, 입은 살아있는' 앵무새에 비유된 욕망이 '내 것'이 아니라는 풍자이다. '입만 살아서' 자기 생각 없이 세상의 물결에 휩쓸리는 자본주의적 인간에 대한 풍자로 보자. '생각하지 않고 살면, 사는 대로 생각하게 된다'는 말처럼 탈휴머니즘을 낳은 자본주의는 인간을 탈주체적으로 물질만 욕망하게 만들고 있다. 물질주의는 궁극에는 생각 없이 입만 살아있는 욕망주의와 연결된다. 때문에 사물의 인간학적 존재론에서 출발한 서하 시의 은유의 언어학이 풍자의 은유로 확장됨으로써 욕망주의를 비판하는 시의 동시대적 역할에 이르고 있다.

이 도서의 국립중앙도서관 출판시도서목록(CIP)은 서지정보유통지원시스템 홈페이지(http://seoji.nl.go.kr)와 국가자료공동목록시스템(http://www.nl.go.kr/kolisnet)에서 이용하실 수 있습니다.(CIP제어번호: CIP2020031368)

시인동네 시인선 134

먼 곳부터 그리워지는 안부처럼

초판 1쇄 인쇄 2020년 8월 5일
초판 1쇄 발행 2020년 8월 12일
지은이 서하
펴낸이 고영
책임편집 이리영
디자인 헤이존
펴낸곳 문학의전당
출판등록 제448-251002012000043호
주소 충북 단양군 적성면 도곡파랑로 178
전화 043-421-1977
전자우편 sbpoem@naver.com

ISBN 979-11-5896-481-8 03810